철학하는 엘리베이터

만인시인선 · 6

철학하는 엘리베이터

김선굉 시집

만인사

자 서

시력 20년을 넘어서고 있다. 그 동안 내 노래가 안으로 격렬히 굽이치지 못했으며, 바깥으로 널리 울려퍼지지 못한 데 대해 반성한다. 그러나 시가 아니었으면 내 몸을 어찌 여기까지 이끌고 올 수 있었으리. 지금 내 몸이 머물고 있는 지점은 금호강으로 상징되는 자연의 한 변방 스산한 기슭이다. 붉은 노을 아래 술잔 기울이며, 흐르는 물 위에 사랑한다고 쓴다. 갈풀이며 어리연꽃들이, 각시붕어와 퉁가리가, 소금쟁이와 물사마귀가, 오리와 물닭들이 소리내어 읽을 수 있도록 선명하게 써 보는 것이다.

차 례

자서 —————— 5

1

금호강 —————— 13
미선나무 아래 차를 세우다 —————— 14
자귀꽃 붉은 그늘 —————— 15
목련 —————— 16
자작나무 —————— 18
산수유 —————— 19
동강 —————— 20
남해에서 —————— 21
찔레 —————— 22
날개 —————— 23
가라앉는 차 —————— 24
낙엽은 제 이름을 부르며 진다 —————— 25
겨울나무 —————— 26
붉은몸 —————— 27

차 례

2

춤 —————— 31
전위에 대하여 ——————— 32
北호텔 ——————— 33
콘트라베이스 ——————— 34
피아노 ————— 36
아주 가벼운 철학 ——————— 37
철학하는 엘리베이터 ——————— 38
철학자를 그리워하는 엘리베이터 ——————— 40
두 귀 ——— 41
대백프라자는 지금 몇 층인가 ——————— 42
서른일곱 분의 승려 잠들다 ——————— 43
목걸이 ——————— 44

차 례

3

곡강에서 —— 47
술 한 잔에 시 한 수로 —— 48
시 —— 49
신천 —— 50
금호강에서 —— 52
대덕산 —— 53
빈 술잔을 위하여 —— 54
어떤 일출 —— 56
집 —— 58
석양 —— 59
그냥 주욱 달렸습니다 —— 60
지붕이 낮은 한 집이로다 —— 62
이 물소리를 너에게 보낸다 —— 64
이월 —— 65
노을 장엄 —— 66

차 례

4

탑 —————— 69
통증 —————— 70
탑이 내게로 오다 —————— 71
통화가 안 되다 —————— 72
탑을 버리다 —————— 74
탑이 더 외로운 것이다 —————— 76

차례

5

이 풍진 세상을 만났으니 ──── 81
구름 바보 ──── 82
바다는 11층 아래에 있다 ──── 83
선릉에서 ──── 84
저무는 강의 한 때 ──── 85
하관 ──── 86
무인 오월 초여드레 ──── 88
너는 붉게 흐른다 ──── 89
오랜 세월이 흐른 뒤 ──── 90
너는 내 안에서 자란다 ──── 91
는개 ──── 92

| 시인의 산문 |
금호강에서 쓴다 ──── 93

1

금호강

　금호강은 하루에 한 장씩 자서전을 쓴다. 물결은 굵은 붓으로 써내려 간 깊고 푸른 문장. 자호천이 보현산 기슭을 끼고 돌면서 첫 단락을 쓴다. 어린 지류들을 불러들이면서, 영천에서 화북천을 영접하여 넓은 금호 들판을 가로질러 흐른다. 대구 외곽을 끼고 돌기 시작하면서, 문암천과 동화천, 신천을 합류하여 유유히 몇 단락의 본문을 써내려 간다. 팔달교를 지나면서 더욱 유장한 필체로 내리그어, 낙동강과 만나는 화원읍 구라리 부근에 이르러 하루 분의 집필을 완성한다. 고모령 너머 봄비 내리는 팔현 마을 부근. 오늘은 왜가리 몇 마리 천천히 걸음을 옮겨 디디며 물의 문맥을 읽고 있다. 긴 부리로 어려운 구절에 밑줄을 그으며, 낯선 단어 위에 쿡, 쿡, 방점을 찍어가며 고개를 갸우뚱거리고 있다.

미선나무 아래 차를 세우다

  잎사귀와 잎사귀가 서로 기대고 겹쳐져 만드는 푸른 그늘 아래, 스르르, 망사처럼 얇고 긴 잠 속으로 빠져든다. 잠 속으로 비가 내린다. 비는 먼저 잎사귀를 적신다. 가지를 따라 흘러내리기도 하고, 잎맥을 따라 흐르다가 굵은 물방울로 맺혀 은색 잠의 지붕 위로 떨어지곤 한다. 툭, 투둑, 후두둑. 북소리는 실제로 두드리는 곳보다 먼 곳으로부터 울려온다. 오른쪽 백밀러의 하단에는 이렇게 쓰여 있다. 〈사물이 거울에 비치는 것보다 가까이 있음.〉 북소리는 더 아득한 곳으로부터 울려 오는데, 후둑, 후두둑, 미선나무는 비 그친 뒤에도 한참을 더 잠의 언저리를 두드리며 비를 내리고 있다.

자귀꽃 붉은 그늘

 가을비 내리는 너머로 네 얼굴이 떠오르고 있다. 너는 비에 젖으며 추억 쪽으로 나아가는 부드러운 비애이자 실존이다. 비에 제 몸 적시며 흐르는 금호강 곁으로, 우레와 천둥 사이로, 검은 머리채 사이로 유난히 눈동자 검고 큰 두 눈 깜박거릴 때, 표정을 자주 바꾸는 자귀꽃 붉은 그늘을 지나, 나는 네 눈 속으로 걸어 들어가고 있다.

목련

흰구름인가 했더니 백설의 목련이네

백설의 목련인가 했더니

흰눈 이고 선 소슬한 탑이네

한 채의 탑인가 했더니

생각 깊은 소복의 아낙이네

소복의 아낙인가 했더니

굽이치는 눈보라의 길이네

어찌 하자고 저 봄의 회오리

한 그루 나무로만 마구 몰아쳐

구름이며 탑이며 아낙이며

회오리가 여는 길을 따라

폭설 휘몰아치는 자욱한 나비떼인가

자작나무

자작나무는 오래 목마른 가뭄에 대하여 말이 없다. 팔달교의 극심한 체증이나, 와룡산 능선에 붉게 걸리는 노을에 대하여, 기름띠 묻은 낙동강이나 언제 지정될지 모르는 위천공단에 대하여, 그 위를 날으는 물새의 지친 날개에 대하여 말이 없다. 용병이 득실거리는 프로 농구나 실업에 대하여, 외채에 대하여, 물가에 대하여, 나의 목감기에 대하여 말이 없다. 미루나무 어린 가지를 흔들어 불과 얼음을 풀어내는 봄바람의 집요한 손길에 대하여, 산수유 어린 꽃잎을 앞세우고 밀려오는 봄에 대하여, 세상 모르고 마구 몸 달아오르는 목련이며 벚꽃의 뜨거운 신열에 대하여 말이 없다. 자작나무는 그 신열을 뚫고 흐린 하늘 속으로 부풀어오르는 희고 둥근 희망 같다. 흐물흐물 허물어져 내리는 텅 빈 비애 같다.

산수유

한 무리 어린 봄이 백화산 계곡 입구에서 머뭇댄다. 한참을 서성이다 산의 깊은 자궁 속을 헤집어 들어 온몸 구석구석으로 흩어져 스민다. 움찔움찔 몸 비트는 산의 흰 속살을 般若寺 극락전이 지긋이 누른다. 그 어린 것들, 수미단 위에서 잠시 헤살짓다 부처님 엉덩이를 기어올라 옆구리를 간질인다. 극락전 늙은 기둥을 타고 올라 작은 부리로 낡은 단청을 툭, 툭, 건드리다가, 심심하면 처마 끝에 매달린 풍경을 흔들어 울리기도 한다. 배롱나무 실핏줄을 타고 올라 손가락 낱낱이 붉게 터트려 생손 앓게 한다. 이 풀 저 풀, 이 나무 저 나무, 이 기슭 저 기슭, 참 여럿 가슴 불지르며 돌아다닌다.

동강

동강은 마음 속을 굽이치는 그리움이다

흘러 흘러서 어라연에 당도하는

굽이굽이 숨막히는 푸른 열차다

푸른 먹을 찍어 힘차게 내리긋는

한 획의 환한 정신이다

물소리 혈관으로 흘러들어 몸을 돌 때

비오리며 물총새 몇 마리 따라 들어와

내 마음의 어라연에 떠서 헤엄치고 있다

남해에서

바다는 실눈을 뜨고 남도의 봄을 바라보고 있다
섬은 수줍은 연록의 표정으로 물이 오르고
勿巾里의 늙은 잡목수림은 아직 수묵의 잿빛
긴 잠에서 깨어난 짐승처럼 느리게 뒤척이고 있다
슬쩍 몸을 스치는 바람끼 많은 봄바람에도
땡나무 푸조나무 광대싸리 참느릅 윤노리나무
물건리의 잡목수림은 생각이 깊어서
살구꽃 동백꽃 산벚꽃의 호들갑을 가만히 지켜보고
있다

찔레

함지산의 절개지는 가파르다. 대구 안동간 국도가 확장될 때마다 여러 차례 깎여 나갔다. 그 곁으로 고가도로가 나서 산의 허리를 가로지른다. 이제 8차선 도로로도 길이 막혀 국우동 쪽 팔공산 자락으로 터널이 뚫리고, 금호강 하류를 건너는 매천대교 교각이 버섯처럼, 송아지의 뿔처럼 돋아나고 있다. 오늘 아침 산의 절개지를 덮은 찔레꽃. 저들은 오래 꽃피우기를 준비해 오면서 가시를 세우고 가지를 쳐나갔으리라. 저 가파른 벽을 타고 오르는 슬픈 백의의 무리들. 몇 번의 신호에도 차는 고가도로 꼭대기에서 주춤거리고, 나는 자주 고개를 돌려 찔레를 본다. 저 멀리 팔달교까지 잘 짜여진 모자이크처럼, 거대한 파충류의 등처럼 느리게 꿈틀거리며 조금씩 나아가고 있는 자동차의 행렬이 보인다. 이른 아침 두 손으로 핸들을 부여잡고 생의 한 굽이를 지나는 사람들. 이 아침 저 차들 속에는 희고 창백한 와이셔츠의 앞섶을 눈물로 적시는 남자가 있으리라.

날개
— 박철호의 「새」

　새는 두 날개를 퍼득이며 하늘을 향해 비스듬히 날아오른다. 가장 높은 산을 한눈에 내려다볼 수 있는 지점까지 높이 날아올라 고도를 잡고서는, 두 날개를 쭈욱 펴서 수평으로 오래 날아간다. 때로는 하루 낮 하루 밤을 꼬박 날아가는 수도 있다. 반드시 당도해야 할 곳이 있다는 것. 안으로부터의 고요한 평정과 더 깊은 안으로부터 다스리는 긴장이 지치지 않는 힘의 근원이다. 대류에 약간씩 몸 기우뚱하면서 멈추지 않는 긴 비행. 별에게 길을 물으며 허공을 높이 가로지르는 가장 푸르고 힘찬 생명의 한 순간, 새는 그 절정의 환희를 온몸으로 느끼며 두 날개를 쭈욱 펴고 끼이룩, 가장 큰 울음 우는 것이다. 그는 그 울음과 울음 사이로 치사량의 속도를 투여한다. 한 순간에 검은 잉크를 칠하여 두 날개에 흐르는 고압의 전류를 한 알의 캡슐에 봉인한다.

가라앉는 차

동대구로 국제오피스텔 4호기 주차장. 두 귀를 접고 도어를 잠그면 차는 금방 지하 깊숙이 빨려 들어간다. 나는 그 놈의 행방을 모르지만 지하 어느 공간에 스며 잠들 것이다. 두 귀를 접은 채, 놈은 지하 어디쯤 고요히 어둠 속에 잠겨 순하게 누워 있으리라. 불의 가슴을 저리 쉽게 다스리며 순하게 가라앉는 은빛 등을 뒤로 하고, 나는 위로 올라간다. 멀리 대구타워에 깊숙이 찔려 선혈을 쏟고 있는 노을이 가슴 속으로 붉게 번져올 때까지 가만히 서 있다. 내가 이렇게 노을과 함께 불타고 있다는 사실을 그 놈 또한 모르리라.

낙엽은 제 이름을 부르며 진다

산의 겨드랑이에 체온계를 집어넣는다. 가을이 당도해 있으며 깊어가고 있다. 신열 앓으며 몸 뒤척이는 숲 속, 붉고 뜨거운 잎들이 수척한 나무들 사이로 길을 내며 떨어지고 있다. 여윈 몸 부딪히며, 어떤 경전보다 깊고 고요한 소리를 내며 낮은 길 위로 쏠려다니는 잎들. 저들은 낱낱이 이름을 갖고 싶은 욕망을 가졌나 보다. 호명된 순서대로 잎은 지고, 오래 기다리다 지친 낙엽은 제 이름을 부르며 진다. 가장 높은 하늘에 가닿는 여린 가지의 끝. 수은주의 붉은 눈금이 한 칸 더 솟아오르고 있다.

겨울나무

　제 몸 붉게 태워 다 사르고 빈 몸으로 선다. 뜨거운 불씨 몸 속 깊은 곳에 감추고 맨몸으로 겨울과 맞선다. 어떤 칼바람도 능히 견디며, 찬 하늘로 치켜든 팔 내리지 않는다. 나무가 받드는 것은 절제와 인내. 그리고 안으로 불꽃을 보듬는다. 나무는 불의 가슴을 가졌다. 안으로부터 환하게 번져오는 시지프스의 의지. 시지프스, 시짚스. 네 박자 혹은 세 박자의 피스톤 연속음을 내면서 억센 손아귀에 힘을 실어 언 흙을 깊이 움켜쥔다.

붉은몸

붉은 몸이라고 쓴다. 느슨한 느낌이 든다. 붉은몸이라고 붙여 써 본다. 그 순간 몸은 하나의 붉은 실체로 다가온다. 내 두 눈은 낙조의 그 낱낱의 붉은 올들을 받아들인다. 안으로부터 인화되는 몸. 비로소 붉게 타올라 노을이 된다.

2

춤

 살아가는 것을 춤이라고 생각한 적이 있다. 정현종은 그걸 고통의 축제라고 썼다. 김영태는 춤과 결혼하고 싶었던 적이 있었다고 했다. 산다는 것은 춤추고 있다는 것. 숨쉬는 것조차 춤이리. 사랑이여, 나는 네 안에 갇혀 오래 춤추고 싶다. 춤추다 지쳐 그대 가슴 가장 깊은 골짜기 어디쯤 내 몸 눕힐 수 있기를. 그것이 가장 오래고 고요한 춤이기를.

전위에 대하여

 슬픔의 끝을 보고 싶으면 얼굴을 거울에 비추면 되겠다. 남루한 꿈을 딛고 연명해 가는 시간들. 살얼음처럼 위태롭게 잔금이 가 있다. 한 잔의 술을 들이키며 식도를 타고 흐르는 불을 느낀다. 어떤 필연 위에 위태롭게 몸을 세우는 것이 前衛라면, 그것은 대단히 아름다운 것이겠다. 세상의 중심을 향하여 어떤 방식으로 몸을 밀어넣는 것이 전위인가. 장엄한 노을과 맞서 짐짓 들어올리는 술잔. 느리게 마신 술기운이 몸의 끝으로 붉게 번져나가고 있다.

北호텔

 호텔은 남도의 가을이 끝나는 지점에 있다. 우수수 지는 시월의 낙엽을 딛고 한 사내가 호텔 쪽으로 걸어가고 있다. 그가 지었다 허무는 허무 속으로 아무 생각 없이 걸어가고 있다. 왜소한 어깨에 걸쳐진 긴 외투 속으로 어린 겨울을 기르는 늙은 몸이 보인다. 한 줄기 낙조가 붉고 긴 팔을 뻗어 그의 배를 짚으며 말을 건넨다. 음, 음음, 태아는 건강합니다. 부드러운 탄력. 그렇습니다. 툭, 툭, 발길질을 해대는 게 마치 춤꾼 같군요. 진맥을 끝낸 낙조가 팔을 거두어 가자 급히 어둠이 몰려왔다. 하나 둘 불을 켜기 시작하면서, 호텔은 그가 거느린 스산한 시간을 영접하고 있다.

콘트라베이스

파트리크 쥐스킨트, 아시지요.『좀머 씨 이야기』를 쓴, 표정이 좀 멍청한 작가 말입니다. 나는 지금 그의 또 다른 산문『콘트라베이스』를 읽고 있습니다. 이건 아마 모노드라마를 위한 쓸쓸한 대본인데요. 콘트라베이스, 가장 덩치가 큰 현악기, 가장 미세한 소리를 내는 그 악기를 문득 보고 싶습니다. 툭, 건드려보고 싶고, 현에 활을 한 번 대보고 싶고, 속이 텅 빈 그 놈의 몸을 한 번 안아보고 싶은 것입니다.『콘트라베이스』의 앞 부분을 읽어 나가다가 브라암스의「교향곡 2번」을 사야겠다고 생각했습니다. 그걸 테이프로 사서 차 안에서, 내 차는 94년식 엘란트랍니다만, 차 안에서 듣고 싶은 것입니다. 나는 요즘 모리스 라벨과 바그너, 그리고 베토벤 순으로 음악을 듣고 있습니다만, 로큰롤이 몸을 도약시킨다는 것, 아시지요? 라벨은, 특히「볼레로」가 그러한데요, 내 마음을 강물로 흘러가게 합니다. 점점 높게, 그러니까 크리센도로 마음의 한 끝을 주욱 끌어올리는데, 그때 그 부력으로 몸이 붕 떠오르는 것입니다. 나는 브라암스의「교향곡 2번」, 그 베이스의 낮게 흔들리는 저음에 몸을 기대려 합니다. 음, 음, 음악은 비껴가려고 했습니다만. 쥐뿔도 모르면서, 음악의 그물코에 코가 꿰어도, 그 출렁이는 그물코에 조금씩 체중이 불어나는 몸을 맡겨도 되겠다는 생각인데요. 참, 바그너도 몸을 도약시킵니다. 붕붕 떠오르는, 떠올라서는 겨울 쪽으로 흘러가는, 오늘은 가을의, 비에 젖는 시월의 저물 무렵입니다. 콘트라베이스, 그 저음의, 몸집이 큰, 소리 없는 소리를 부둥켜 안고서……

피아노

 제 놈이 격렬해봤자 강물의 출렁임을 넘어설 수 있겠는가. 아무리 격렬해봤자 파도의 밀려옴이나 밀려감만 못하리라. 라흐마니노프는 피아노를 통해 그런 상상력에 일격을 가하고 싶었던 것이다. 그 욕망의 간절함만큼, 그 간절함의 끝을 부여잡은 손아귀의 힘만큼, 그는 집요하게 소리에 매달린다.「피아노 콘체르토 3번」, 강력한 打鍵, 억센 손끝에서 소리는 힘차게 솟아올라 좌르르, 한바탕 물살을 뒤집어씌운다. 좁은 공간을 넓게 쓰며 격렬히 부딪치는 한가운데로, 그의 검법은 내 무디어진 감각을 차례로 베어넘긴다. 말하자면 그는 격렬히 흐르는 시간이다.

아주 가벼운 철학

종교를 갖는 대신에 나는 푸른 하늘을 보겠다

하늘이 흐린 날에는 흐린 하늘을 보겠으며

그 하늘이 비를 내리면 내리는 비를 보겠다

그 비가 적시는 큰 나무와 어린 풀들을 보겠으며

그 너머로 펼쳐진 비에 젖는 풍경을 보겠다

그 풍경 속으로 걸어들어가 풍경의 일부가 되겠다

철학하는 엘리베이터

어느 늦가을 자정을 넘긴 깊은 밤이었습니다. 동대구로 국제오피스텔 2호기 엘리베이터 안에서 철학을 하는 한 남자가 느닷없이 죽음이 몹시 두렵다고 했습니다. 눈 감으면 이 아름다운 인생 두 번 다시 볼 수 없을 거 아니냐며, 바보같이 두 눈을 껌뻑이며 나를 건너다보았습니다. 시를 더 잘 써야 할 것 아니냐며, 자꾸 뭘 본 걸 쓰는데, 그러면 다른 사람은 김형이 보는 방식으로 그걸 보게 되는 것 아니냐며, 그러면 재미가 적을 것 같다며, 대상 속으로 걸어들어가든가, 아니면 시 자체가 하나의 낯설고 새로운 세계가 되도록 하는 게 어떻겠느냐고 했습니다. 살아 있는 동안 더 좋은 시를 읽고 싶다고 했습니다. 꽃 피는 것, 낙엽지는 것, 눈 내리는 것 보며, 때로는 고스톱도 치고, 괜찮은 여자를 만나기도 하면서 오래 살고 싶다고 했습니다. 그런데 죽어버리면 모든 게 그만 아니냐며, 나를 멀끔이 건너다보는 것이었습니다. 12층에서 1층까지 내려오는 동안, 생각해 보면 짧은 시간에 참 많은 이야기를 했습니다. 그날 밤 그의 말을 엿들은 엘리베이터가 생각이 깊어지기 시작했습니다. 내가 탈 때마다 그 철학자는 어디 갔느냐며, 인생이 무어냐며, 인생이란 게 정말 아름다운 거냐며, 고스톱은 또 뭐냐며, 그리고 내게는 시를 쓰는 사람이냐며, 시가 뭐냐며, 시를 잘 쓰고 있느냐며 자꾸 말을 걸어오는 것입니다. 그 늦은 가을밤 이후 나는 엘리베이터를 타거나 박연규가 생각날 때면 괜히 인생, 죽음, 시, 연애, 고스톱, 철학, 아나키, 뭐 이런 것들이 연상되는 병을 얻었습니다.

철학자를 그리워하는 엘리베이터

 국제오피스텔 2호기 엘리베이터는 밤 늦도록 아나키즘을 연구하던 한 철학자를 기억하고 있습니다. 인적이 끊긴 뒤 선잠을 깨우곤 하던, 그래도 그리 밉지 않은, 큰 키에 테안경 너머로 제법 생각이 깊어 보이는, 어깨가 약간 굽은 한 남자를 알고 있습니다. "예, 박연규입니다." 벨 소리가 울리는 이상한 막대를 귀에 대고 혼잣말을 하는 것을 들은 뒤부터는, 그 남자의 이름이 박연규라는 것도 압니다. 며칠 전에는 내 어깨를 툭 치며, 그 철학자가 요즘 보이지 않는다며, 대체 어딜 갔느냐며 궁금해 했습니다. 내게는 요즈음도 시를 쓰느냐며, 그 시를 한 번 들려 줄 수 없겠느냐며, 무슨 얘기를 좀 하라며 자꾸 말을 걸어오는 것이었습니다. 나는 그 철학자는 수원으로 갔다고 말해 주었습니다. 너무 멀어서 자주 오지 못하겠지만, 언젠가 한 번 올 거라며, 공부를 열심히 해서 훌륭한 엘리베이터가 되라고, 그리워하면 마음이 전해지는 법이라고 말해 주었습니다.

두 귀

 크레도스는 두 귀를 접을 수 있다. 그 귀는 몸체에 비해 아주 작아서 앙증맞다. 부드러운 순발력, 상당한 순간 속도, 아직 한 번도 퍼질러앉은 적이 없는 준족이다. 아무리 힘껏 달려도 덜컥 세운 뒤 두 귀를 접어주면 금방 숨을 고른 뒤 고요히 잠드는 것이다. 나는 오늘 먼 길을 달려왔다. 구룡포에서 감포 쪽으로 길게 이어지던 그 바닷가. 출렁이는 물결을 옆으로 하고, 바람에 은빛 갈기를 날리던 당당한 암컷, 엉덩이가 실한 대견한 놈임에 틀림없다. 두 귀를 접은 뒤 툭툭, 엉덩이를 쳐주고는 지친 몸을 엘리베이터에 얹는다. 좁은 엘리베이터 안에서 거울에 얼굴을 비추며 귀를 접어보았다. 접히지 않는 내 귀. 이제 보니 내 귀는 접을 수 없다. 아무리 접어도 다시 열리는 귀. 귀를 접을 수 없다는 것. 이건 슬픔이며, 또한 세상을 다 잊고 잠들 수 없음이며, 또 잠들어서도 안 된다는……

대백프라자는 지금 몇 층인가

대백프라자는 지금 몇 층인가. 11층에서 국수를 먹으며, 이곳이 내가 올라와 본 가장 높은 층임을 떠올린다. 위로 몇 층이 더 있는지 굳이 알려 하지 않는다. 내 차는 캥거루가 그려진 지하 3층 주차장 하단에 놓여 있다. 몸 길이보다 몇 배나 더 긴 국수를 먹으며, 희고 가는 올을 건져 입으로 가져가는 오른손을 바라본다. 국수를 먹는 몸이 슬프다. 이 슬픔은 아무래도 지상 11층의 높이에 있는 것 같다. 가는 국수올에 기댄 허공 속의 몸, 먼 길을 돌아오는 동안 참 오래 무사했다. 조금 전 10층 갤러리에서 在美 작가 김보현의 그림을 보았다. 가장 큰 작품이 「욕망」이었던가. 그 욕망 앞에서 한참을 서 있었던가. 욕망, 욕망의 길이. 국수는 길고 긴 음식. 자본주의와 과학은 구원일 수 없다는 한 중년의 미학자는 휘발성이 강한 그의 명제에 기대어 늙어가고 있었다.

서른일곱 분의 승려 잠들다

 재두루미 스물두 마리, 경북 구미시 고아읍과 해평면 일대, 얼음이 풀리는 낙동강 모래밭 마른 갈대들 바람에 나부끼는 추운 물 곁에 누워 있다. 재두루미 열다섯 마리, 일선교 부근 낙동강 마른 갈숲 근처에 흩어져 누워 있다. 암만 생각해도 헝클어진 난세 바로잡을 길 없어서, 이 풍진 세상 다시 보아서는 안 되겠어서, 깊이깊이 생각하신 끝에 치사량의 포스파미돈이 든 다이메크론 한 알씩 나누어 털어 넣으신 듯. 털어 넣으시고는 그만 입 꼭 다무신 듯. 눈 감으신 듯. 결고운 衲衣로 두루 몸 감싸신 채 영영 눈 뜨지 않으실 듯. 영영 입 열지 않으실 듯. 차고 깨끗한 하늘 아래 긴 臥禪에 드신 듯. 납의 자락 간간이 나부끼며 강물 푸르게 흘러가는 곁에 고요히 누워 있다.

목걸이

「차이니스 박스」. 등받이 베개를 치우고 소파에 바르게 앉는다. 2배속 버튼을 누르지 않는다. 깊이 가라앉아 흐르는 홍콩 누아르. 110분 동안 오줌을 참는다. 「스모크」의 작가 웨인 왕에게 표하는 경의의 방식이다. 1996년 7월 1일, 중국령이 되는 홍콩의 표정이 모자이크되고, 거기 한 사랑이 은밀히 부각된다. 짙은 홍콩의 황혼을 배경으로 한 남자의 운명이 쓸쓸히 새겨진다. 여자의 곁을 떠나면서 그는 쓴다. 지금 이 순간 내가 그대를 사랑했네. 남자는 그 순간을 영원으로 치환하여 여자에게 건네준다. 여자가 떨리는 손으로 그걸 받아 목에 건다.

3

곡강에서

　곡강은 경북 영양군 일월면에 있는 한 마을의 이름. 마을을 안고 흐르는 강물을 구부려 曲江이라고 쓴다. 굽이쳐 흐르는 강이 어머니의 팔처럼 마을을 감싸안고 느리게 흐를 때, 마을 사람들은 그 물소리 들으며 깊이 잠드는 것이다. 그 잠과 잠 위로 교교히 달빛 비치면, 안개 속인 듯, 안개 속인 듯 강물은 한 필의 흐르는 비단. 고단한 생애를 어루만지며 흘러간다.

술 한 잔에 시 한 수로

방랑 같은 걸 꿈꿀 수 없는 시절을 산다. 밀란 쿤데라식의 느림은 얼마나 사치인가. 나는 신천대로가 끝나는 팔달교 부근이 꽉 막히기를 기대하며 차를 몬다. 차가 금호강 느린 흐름보다 더 느리게 움직일 때, 나는 비로소 강을 굽어본다. 중금속으로 이제 얼음이 얼지 않는 강. 그 위를 걷는 겨울새의 처연함 같은 것. 거기 노을이라도 비칠라치면, 물결은 어린아이처럼 몸을 움직여 금빛으로 반짝이는 것이다. 차는 느리게 움직이다 한참을 멈추어 선다. 버튼을 눌러 신중현의 새 앨범 「김삿갓」을 듣는다. 〈천리길 행장에 남은 일곱 푼을/들주막 석양에 술을 보았으니/어찌하겠는가.〉 대체 술이며 풍경의 깊이는 어떻게 획득되는가. 락은 신중현의 저항의 방식이며 유효해 보인다. 방법이 있다면 늙음 또한 두려워할 게 아니잖는가. 그러나 세상을 술 한 잔에 시 한 수로 건널 수 없음이여. 내 몸 또한 저 물과 같아서, 처음은 순결했으나 이제 마음의 가장 얕은 바닥조차 비출 수 없게 되었다.

시

너는 내 몸 휘감아도는 회오리다
하늘 위로 소용돌이치는 우물이다
소슬한 높이로 솟구치는
솟구쳐서는 투명한 탑으로 서서
내 가슴으로 걸어오는
흔적을 남기지 않는 사랑이다
가슴 속으로 흘러들어
붉게 몸을 도는 유혹이며
걷잡을 수 없는 피의 급류다
내 몸 하늘 높이 띄우는 힘이다

신천

태풍 앤이 저공비행으로 대구를 지나갔다
중심 기압 950 헥토파스칼
명상의 도수가 높은 전류가
희디흰 섬광으로 몇 차례
신천의 左岸과 右岸을 때렸다
여윈 신천에 붉은 황톳물이
거세게 넘실대며 흘러가고 있다
그 위로 가는 빗줄기 하염없이 내리고 있다
오래 낡은 몸을 돌던 분지의 울혈이
퀼퀼퀼, 풀려나가고 있다
신천의 좁아터진 가랭이 사이로
울컥울컥 쏟아내는 뜨거운 하혈을
금호강이 다 받아내고 있다
신천은 너무 오래 범람하지 않았다
태풍 바트가 앤의 뒤를 따른다
한 차례, 두 차례 거듭 비 내리고
그 위로 다시 비바람 몰아쳐
붉은 물 兩岸으로 홍건히 넘칠 때

여기저기 누런 뻘물 뒤집어쓴
어린 신천이 태어나리
벌건 황톳물에 몸 다 적셔도 괜찮으니
단 한 번만이라도 신천이여
홍건히 흘러 넘쳐
어린 신천을 여럿 거느리고 도도해 보라

금호강에서

흐르는 물 곁에 오래 서서
금계국이며 자운영, 석죽이며 물달개비들
어린 꽃들과 나란히 서서 물을 바라봅니다
물은 우리가 서 있는 곳까지 흘러와서
물은 우리가 서 있는 곳부터 흘러갑니다
강물 흘러오고 흘러가는 강 언덕에
흐르지 못하는 몸 하나 서 있습니다
자잘한 풀꽃 피고 지는 강 언덕에
꽃피지 못하는 몸 하나 서 있습니다
갈풀 자욱이 솟은 물 가에 서서
오리들 물 위에 떠다니는 것 보노라면
쇠물닭 몇 마리 어린 것들 데리고
물 위에서 노는 것 바라보노라면
내 몸도 금계국이나 물달개비쯤 되어
강물을 따라 천천히 흘러가기 시작합니다

대덕산

바라보는 것은 사랑을 준비하는 것입니다
바라보는 것은 사랑하는 것입니다
다가가서 어루만지는 것입니다
창 너머로 대덕산의 준엄한 능선이 보입니다
하늘과 맞닿아 출렁이는 능선
산은 저렇게 꿈틀거리며 살아 있습니다
오래 산을 바라보면 가슴에 얼비칩니다
얼비쳐서는 가만히 일렁이며
세월과 함께 자라기 시작하는 것입니다
머리며 어깨며 가슴 여기 저기에
흰눈을 드문드문 얹고
산은 내 가슴 속에서 겨울을 견디고 있습니다

빈 술잔을 위하여

네가 내민 잔에 술을 붓는다

술이 잔을 채운다

잔이 넘쳐 네 손을 적신다

넘치는 잔 위로 술을 붓는다

네 몸이 젖을 때까지

다 젖어 꽃 필 때까지

꽃 피고 새 울 때까지

몇 개의 눈부신 星座가

술잔을 지나갔는지

꽃 피는 몸을 지나갔는지

꽃잎 져 다 흩어질 때까지

흩어져 술로 몸 바꿀 때까지

어떤 일출

이른 가을날 아침 막 떠오른 햇살 아래

셔틀버스를 기다리면서

가방을 맨 유치원 아이들이 줄을 서 있다

모든 희망이 저 어린 몸 속에 있다

점점 높이 떠오르면서 달아오를 가을 햇살이

저들의 희고 반듯한 이마를 비추리라

그들을 키우고 살찌울 것이며

깨끗한 생각을 비춰 익힐 것이다

늦장미 몇 송이 피워 올린 아파트 낮은 담장 곁

보도블럭을 따라 줄은 점점 길어지고 있다

일출을 지켜보지 못한 가을날 아침

어린 해 뿔뿔뿔 걸어나와

하늘 아래 조금씩 길어지는 줄이 있다

세상에서 가장 아름다운 일출이 이어지고 있다

집

숲 속에 집 한 채 세우네
푸른 기와에 붉은 벽돌
순동의 파이프로 바닥을 깔고
당초무늬 일렁이는 카펫을 얹네
알미늄 새시로 창을 내고
무색의 통유리를 끼우네
꽝꽝 대못을 질러 현관을 막네
아무도 들어올 수 없으며
아무에게도 다가갈 수 없네
집은 이렇게 태어났으며
자랄수록 더 완고해져 갔네
세상으로부터 잠시 풀려났다가
오래 갇히기를 거듭하면서
내 몸과 더불어 늙어가네

석양

흰눈 이고 선 능선이 금빛으로 번쩍인다
산은 제 품에 깊은 생각을 안고
돌올히 솟아 오랜 세월을 좌선하고 있다
저녁 잔광에 번쩍이는 것은
비슬산의 예지인 것
그 속을 비껴 몇 마리 새 가고 있다
눈은 가장 순결한 부위에서 오래 남는다
산이 있으므로 바라본다
겨울은 늘 마음을 춥게 하는데
산이 흰 무명치마 펼쳐 그 위를 덮는다
몸을 비틀어 너그러운 품 내주고
석양빛 또한 사람이 사는 마을로 흩뿌린다

그냥 주욱 달렸습니다

여고 삼학년이 된 큰딸과 함께 한
어느 봄날 새벽을 위하여 이 시를 씁니다
새벽 구름이 고와서 울 뻔했습니다
구름은 팔공산 자락 위로
느리게 동터오는 새벽을
보낸 듯 제 가슴에 품는 것입니다
새벽밥과 두 개의 도시락으로 건너는
오전 여섯 시의 팔달교
팔공산은 저들의 길고 강한 어깨를 겯고
잠에서 막 깨어나고 있는 분지를 감싸안습니다
큰딸은 수능시험을 여덟 달 남긴 고행자
수능이 修道의 능력이라면
이 녀석은 이미 고승이며 대덕입니다
맑은 눈으로 아비가 가리키는 구름을 보는데
앞 유리창으로 번져오는 새벽 기운에
볼이 복숭아처럼 붉어옵니다
문득 돈을 좀 주고 싶어졌습니다
느닷없이 내미는 만원 권 두어 장에

녀석의 두 눈이 똥그래졌습니다
〈「마이클 런스 투 락」을 사도 되고, 그냥 써도 돼〉
이렇게 말하며 웃어 주었지요
점점 희어지면서 표정을 바꾸는
새벽 구름에 자주 눈을 주며
작고 따뜻한 손을 잡고 그냥 주욱 달렸습니다

지붕이 낮은 한 집이로다

소백산 자락의 지붕이 낮은 한 집이로다
새마을호 열차가 서는 가장 작은 小邑
그 변두리 큰 텃밭을 거느린 집 한 채
이것저것 나누어 심은 한 뙈기의 텃밭이로다
짙은 콩잎 자욱이 바람에 흔들리고
독 오른 고추가 탱탱히 익어간다
곁에는 감자와 고구마를 심었다
깨인가 줄기가 꼿꼿한 것도 자란다
텃밭 너머로 논물에 비친 산 그림자 깊다
마늘인가, 아니면 파인가
그 어여쁜 작물과 작물 사이에
키가 큰 수수를 심어 경계를 지었다
작물마다 몸짓이며 표정이 다르다
저녁 어스름 여린 바람에 몸 흔들면서
자주 표정을 바꾸는 텃밭
애호박을 따서 돌아서는 아낙의 모습 너머로
저녁 기차가 지나가고 있다
싸리울에 얹은 호박넝쿨순이

헛간 위를 덮어가는 박넝쿨순이
뉘엿한 황혼 쪽으로 더듬이를 돌리고 있다

이 물소리를 너에게 보낸다

풍기땅 소백산 기슭 대미골계곡
이렇게 맑은 물을 곁에 둔 지가
십 년이 훨씬 넘은 것 같다
귀한 것 멀지 않은 곳에 두고
탁류 속 허우적이며 헤엄쳐다녔다
깊고 거친 산의 가랭이 사이로
거침없이 쏟아져내리면서
물은 한 시절을 온몸으로 울며
먼 길 달려가는 또 한 생애다
이 물소리를 너에게 보낸다
물은 이윽고 네 몸을 지나
더 먼 길 홀로 흘러갈 것이지만
흘러온 길과 흘러갈 길의
발걸음과 표정의 뚜렷한 다름이여
내 몸을 지나 네게로 가고 있는
귀 기울여 그 물소리 들어보라
네 몸을 지나는 그 물소리
네가 모르는 낯선 곳으로 흘려 보내라

이월

이월입니다. 다시 짧고 안타까운 시간 위에서, 곡예처럼 몸을 가누며 봄을 향해 가고 있습니다. 저녁 어스름 속에서 대덕산의 능선은 몇 걸음 물러앉아 고요합니다. 눈을 가늘게 뜨면 풍경이 깊어집니다. 까치 한 마리 솟아올라 풍경을 흔들 때, 세상을 빛으로 기록하고 싶은 고전적 욕망이 생깁니다. 사위어가는 저녁 어스름 흐린 입자 속에서 시간은 봄의 탄력을 예비하고 있습니다.

노을 장엄

노을은 대덕산 능선 위로 붉고 뜨거운 마음을 펼친다. 푸른 능선이 검은 골격을 드러내며 노을과 맞선다. 노을은 시간에 쫓기며 더욱 애타게 타오른다. 구름 몇 조각 그 근처를 흐르다 인화된다. 화르르, 燒紙처럼 가볍게 흩어지는 새떼 흔적 없다. 고요히 일렁이는 노을. 그 불길 점점 흐려지면서 내 가슴으로 옮겨붙는다. 가슴 안으로부터 다시 환하게 피어오르는 불길, 이 마음에서 저 마음으로 마구 옮겨붙으며 오래 불타고 있다.

4

탑

탑은 아주 먼 길을 걸어와 여기 서 있습니다

탑은 오랜 세월을 걸어와 여기 우뚝 서 있습니다

탑이 잠시 쉬는 동안 내가 탑 곁으로 갔으며

탑이 잠시 쉬는 동안 낙엽지고 눈보라쳤습니다

탑이 잠시 쉬는 동안 달이 가고 해가 바뀌었으며

탑이 잠시 쉬는 동안 내가 탑을 떠나갈 것입니다

탑은 내가 다시 돌아올 수 없는 곳으로 떠난 뒤

탑은 잠시 머물 곳을 향하여 떠날 것입니다

통증
— 탑리시편 · 1

이른 봄 저녁 어스름 홀로 탑 앞에 섭니다

봄꽃들 마른 가지마다 살을 찢어 꽃망울 내밉니다

희고 붉고 노란 꽃망울 다투어 터질 때

탑은 그 낱낱의 어린 華嚴 지켜봅니다

의성 가음땅 못물 아득히 흔들리는 그 속으로

시절은 내 몸을 이끌고 걸어 들어갑니다

노을을 거느린 탑이 그 뒤를 따르며

마음에 세운 몇 채의 탑 다 무너뜨리라 합니다

탑이 내게로 오다
— 탑리시편 · 2

한 채의 탑이 가슴 속으로 걸어 들어오고 있다
내 가슴이 그 탑을 영접하고 있다
가벼운 목례가 있었던가
깊은 통증과 함께
탑은 약간 몸을 수그린 채 몸 속으로 들어섰다
탑은 마음을 빚어 쌓아올린 사랑이며
그 사랑이 내게 온 것이다
금성산 능선에 걸린 붉은 노을과
천년의 시간이 번쩍이며 흘러들어와
오래 출렁이다 탑 속으로 스민다
물 아래 긴 그림자 거느리고
먼 길 한 척의 배로 떠나간다
일렁이는 물길 헤치고 넘어서며
내가 탑에게 길을 묻기도 하고
탑이 내게 길을 묻기도 하면서 가고 있다

통화가 안 되다
— 탑리시편 · 3

오층석탑의 감실에 전화를 넣는다

그 남자는 도대체 전화를 받지 않는다

어디 머무를 정처가 있기라도 한 건가

메모도 없이 오래 집을 비우고 있다

기묘년 봄날 저물 무렵

금성산에 걸린 노을빛에 대하여

오층으로 쌓아올린 염원에 대하여

그 후 오래 집을 비운 사연에 대하여

대체 어디를 헤매었으며

무얼 하고 돌아다녔는지에 대하여

이두를 쓰는 그 남자와

한 차례 길게 통화하고 싶었다

탑을 버리다
— 탑리시편 · 4

내가 그 자태를 그윽히 우러러보고 있으므로

탑은 천년을 그 자리에서 외롭지 않다

탑을 세우거나 허무는 마음이

강물과 바람을 따라 흘러오고 흘러갔으리라

스스로 깊이를 더해가는 가음못이나

증기기관차처럼 힘이 서린 금성산의 이마 또한

무슨 깊은 뜻을 스스로 품은 것은 아니리라

다만 그 사이에 몇 채의 탑이 흩어져

고요히 서 있거나 무너지거나

날개를 펴서 흔적 없이 날아오르는 것이다

탑을 세우는 마음이 탑이 되어 서는 것이며

또 어느 한 마음이 탑을 허무는 것이다

누가 무슨 연유로 버린 탑이

늙은 몸 뒤척이며 세상을 굽어보고 있다

탑이 더 외로운 것이다
— 김호진에게

　탑리 사람들이 다 잠든 깊은 밤이면, 탑은 고단한 몸을 눕혀 별을 쳐다봅니다. 때로는 웅크리고 앉아 혼자서 뭐라뭐라 신라적 말로 중얼거리기도 하고, 어깨를 들썩이며 깊은 속울음 울기도 합니다. 달이 뜨는 밤이면 山雲里 들판을 한 바퀴 휙 돌고 오기도 하고, 어슬렁, 금성산 기슭을 다녀오기도 합니다. 그러다 탑리에 장이라도 서는 날이면, 사람들 틈에 섞여 채소며, 과일이며, 약초며, 옷가지며, 철물이며 별의별것 다 널어놓은 장터를 지나, 길 건너 대리에 있는 동산약국으로 갑니다. 약국 유리문 앞으로 슬슬 다가가서는, 가음이나 춘산 쪽에서 온 사람들에게 약을 지어주고 있는 약사를 뻔히 들여다봅니다. 제 외로움에는 약 한 첩 못 쓰는, 마흔이 넘도록 이두도 못 알아듣는 멍청한 바보 약사를 뻔히 쳐다보고는, 터구 같은 놈, 하면서 혀를 끌끌 차며 돌아오기도 합니다. 그러나 탑이 더 외로운 것입니다. 못견디게 외로운 밤이면, 멀리 가음못까지 한달음에 달려가, 별이 잠긴 못물에 제 모습을 오래 비춰보기도 하고, 어흐, 어흐흐, 온몸으로 울면서 물 속으로 몸을 들이밀기도 합니다.

5

이 풍진 세상을 만났으니

　겨울 강둑에 서서 당신의 이름을 부릅니다. 이 풍진 세상을 가로질러 강물처럼 흘러가고 있노라고, 마른 갈풀을 스치는 바람이 대답하는군요. 손을 길게 뻗어 당신의 얼굴을 만집니다. 이런, 약간 여위셨군요. 가는 주름 사이로 우수 어린 표정이 곱습니다. 대구의 외곽을 끼고 도는 금호강은 한 세상 급히 건너고 있는 당신을 향해 흘러가고 있습니다. 부디 강물보다 느리게, 천천히 걸으십시오. 가슴을 열어 강물을 맞이하십시오. 가슴의 가장 깊은 속을 향해 오래 흘러가게 하십시오. 몇 마리 오리와 함께 흐르는 강물을 따라 가노라면, 꽃 피고 새 우는 시절까지는 내 몸이 당신 몸 곁에 이를 것 같습니다.

구름 바보

신천대로를 달린다. 지상과 지하, 고가로 이어지는 완만하며 거대한 파도를 탄다. 팔달교에서 중동교까지, 나는 자주 파도치면서 20여 분의 속도를 즐긴다. 어떤 사고로 죽을 수도 있으리라. 이렇게 생각하는 사이, 나는 아직 아무도 사랑한 적이 없다는 사실을 깨닫는다. 힘이 되지 못하는 사랑. 시절 탓인가. 엑셀레이터의 페달을 지긋이 힘주어 밟는다. 팔조령으로 향하던 원래의 생각을 바꿔 중동교에서 앞산 쪽으로 우회전한다. 은적사 기슭을 천천히 끼고돌 때 전화가 울렸다. 팔조령 구름이었다. 길을 잘못 든 게 아니냐며, 마음 먹은 대로 가창을 지나 굽이굽이 팔조령을 올라야 하는 게 아니냐며 다그쳤다. 구름은 바보. 인생은 때로 생각이 바뀔 수도 있다는 것을 모르는 모양이다.

바다는 11층 아래에 있다

밤새 비 내립니다. 차들은 젖은 길 위로 밤의 한가운데를 가로질러 달립니다. 차의 소음은 대기 속으로 급히 스미고, 바퀴가 물을 가르는 소리만이 파도소리로 귀에 와 닿습니다. 쏴아, 하는 것도 같고, 촤르르, 하는 것도 같습니다. 11층 아파트에 누워 그 소리에 귀 기울입니다. 동해인가, 서해인가, 바다 하나가 성큼 집 앞으로 다가온 것 같기도 하고, 내가 바닷가에 선 것 같기도 합니다. 새벽 두 시와 세 시 사이를 바다는 끝없이 파도치고, 한여름밤 내 잠은 밀려왔다 쓸려가는 파도에 오래 젖으며 깊어가고 있습니다.

선릉에서

백일홍의 붉은 절정을 보지 못했으므로
나의 여름은 불운했다
선릉과 정릉을 넉넉히 품은 숲 속으로
태풍 올가가 몰고온 폭우 속으로
기쁨과 슬픔의 뚜렷한 경계를 딛고
여름의 끝을 향해 오래 걸어 들어가면서
내 몸은 어린 짐승처럼 가벼웠다
여름의 한 귀퉁이를 뭉텅 베어 삼키고
거세게 몰아치던 폭우 속으로
허기 속에서 눈부시던 수원성의 아침이
소지처럼 흩어지는 걸 보았다
상처를 돌보지 않을 때 사랑은 끝난다
잉부의 배처럼 부풀어오르는
능이 키우는 것 또한 푸른 허무일 뿐
비에 젖어 허기진 가슴 속으로
번개와 우레를 섞어 회오리친
도수 높은 술을 거듭 부으며
숲을 지나 무덤을 지나 오래 걸어갔다

저무는 강의 한 때

歲暮라고 생각하면 풍경이 깊어진다
세모라고 가만히 입술을 움직이면
풍경은 더 깊어진다
성근 눈발 흩날리는 속
저만치 또 한 해의 어두운 입구가 보인다
신천대로의 한 구간은
금호강을 따라 한참을 길게 이어진다
50여 년 전 최인훈이
갈대와 모래와 푸른 강물과
물새와 흰구름을 노래한 강이
지친 표정으로 느리게 흐르고 있다
그 위로 우련히 비치는
저녁 햇살 자잘히 출렁이는데
겨울 오리와 쇠물닭 몇 마리
찬 강물에 배를 대고 떠다니고
다리가 긴 왜가리, 재두루미 몇 마리
물 위를 옮겨 딛고 있다

하관

마음과 마음이 부딪히면 소리가 난다

몸의 가장 깊은 곳에서

몸의 가장 먼 바깥으로 퍼져나가며

소리는 강한 천둥의 여운을 남긴다

그 여운에 떠밀려 하늘이 솟고

연당 지나 청기에 이르러 울었다

봉분이 솟아오르는 동안

가을은 더 깊어가고 있었다

늘 듬북장을 끓여 밥을 먹이시던 분

연당할매는 굽은 허리 쭉 펴고

옻잎 붉게 물드는 청일봉 기슭을 지나

깊은 가을 속으로 허위허위 걸어가고 있다

무인 오월 초여드레

어머니가 내 이름을 부르신다
그리운 敦艮齋 대문이었던가
재실의 문간방에서였던가
〈애비야, 이저끔 안 일어났나?
그만 일어나거라!〉
어깨를 흔들어 깨우신다
陰曆 戊寅 五月 初여드레 새벽
꿈인지도 모르고 일어나
전등을 켜서 집 안을 환히 밝힌다
이 방 저 방 아이들 흩어져 자고
어머니 계시던 방 벌써
벽을 발라 낯선데
화장실이며 테라스며 현관까지
마구 헤매며 어머니를 찾는다
어머니, 괜히 생시처럼 내게로 와서
다 잠든 밤 텅 빈 거실에 앉아
눈물 속에서 줄담배 권하신다

너는 붉게 흐른다

　너는 나를 향해, 내 몸을 향해, 내 가슴을 향해, 내 가슴 속을 향해, 그 속의 살을 향해, 속의 살을 지나 붉은 심장을 향해, 심장 속의 심연을 향해, 강한 비바람으로 와서, 젖은 회오리로 와서, 화약 냄새 뒤섞인 폭우로 와서 순식간에 나를 적시고, 젖은 몸 속을 뜨거운 불의 걸음으로 뚜벅, 걸어 들어와, 뇌관처럼 위태롭게 헝클어진 핏줄을 밟고 마구 지나가면서, 희고 붉게 솟구치는 섬광과도 같은, 무수한 꽃송이 폭죽처럼 터트리면서, 비에 젖는, 회오리에 감기는 이 어질머리, 도수 높은 술 같은, 독약 같은, 내 몸 위로, 내 몸 속으로, 거센 폭우로 둥둥 북치며 내려, 나를 적시며 불의 물너울로 붉게 흐르고 있는.

오랜 세월이 흐른 뒤

 오랜 세월이 흐른 뒤 나 그대를 기억하겠네. 한때 세상을 내다보는 창이었으며 길이었던 그대, 기억하겠네. 회상의 형식 따위는 버리고, 뒤돌아서서 성큼성큼 걸어 들어갈 것이네. 그 길목의 강아지풀이며 피라미떼, 강물을 거슬러 불던 가을 바람을 온몸으로 느끼며, 아주 느리게 걸어서 갈 것이네. 그대 내게로 걸어오시든가, 아니면 거기 늙지 않는 몸으로 고요히 계시게나. 그리고 내 지친 몸과 늙지 않은 마음을 영접하시게. 잉잉 우는 전신주 아래 키낮은 흙담을 돌아, 마루에 메주를 내건 오두막 살평상 위에 망연히 앉아 앞산이 자라는 모습이나 바라보시게. 오랜 세월이 흐른 뒤, 우리는 몇 개의 구두를 갈아 신었는지. 내 구두는 왜 뒤축이 비뚤게 닳곤 했는지. 그런 답없는 말이나 물으면서 막걸리 사발을 들어야 하지 않겠는가.

너는 내 안에서 자란다

 너를 본 순간 나는 바다가 되었다. 내 가슴이 출렁이면서 기르는 섬. 그 위로 바닷새가 떠오르기도 했다. 바다와 섬은 끌어당기고 밀며 서로의 몸을 탐하지만, 불임의 안타까움에 연민한다. 갈밭을 부는 바람소리, 마른 몸을 부비며 겨울을 견디는, 다만 견디는 처연함이 보인다. 너를 본 순간, 그리고 오랜 세월이 흐른 뒤, 우리를 살게 하는 것은 사랑이었음을 깨닫는다. 나무처럼 섬처럼 조금씩 키가 크면서, 가만히 가지를 흔들기도 하면서, 너는 내 안에서 자라고 있다.

는개

　내가 접어든 산이 많이 깊어서, 구름인지 안개인지 자욱한 는개 속으로, 늦가을 외투 속 여윈 어깨를 지나 마음의 가장 깊은 곳 다 젖을 때까지, 그렇게 가야 할 길 아득한데, 느리게 내리는 는개 속 굽은 길 멀리 에둘러 돌 때, 는개는 더 깊이 내려 지나온 길, 갈 길 다 가두고, 눈 앞 자욱이 흐려지면서 이 첩첩 산중, 절해의 섬으로 나를 에워싸고 있다.

| 시인의 산문 |

금호강에서 쓴다

1
흐르는 물 위에 사랑한다고 쓴다. 강이 몸을 비틀어 사랑한다고 쓰며 흘러가고 있다.

2
나는 지금 금호강 기슭에 서 있다. 언제부턴가 물을 바라보면서 이 강가에 서는 횟수가 잦아졌다. 지난해 봄 임하댐 물이 금호강 유지수로 흘러들기 시작하면서부터는 거의 매일 강을 찾는다. 이제 물이 쓰는, 적어도 금호강이 쓰는 평범한 문장쯤은 읽을 수 있다. 그 물 위에 한두 줄의 글을 쓸 수도 있다. 물 위에 사랑한다고 쓸 때, 물이 알아들었다는 듯이 고개를 끄덕이며 흘러가는 그 순간을 사랑하고 있다.

오래 곁에 머물며 표정을 살피던 강이 어디 금호강뿐이랴. 반변천과 명호천, 왕피천과 오십천, 괴강과 영강, 황강과 미호천, 남천과 영춘강, 청도천과 밀양강, 동강과 그 상류를 이루고 있는 아우라지를 비롯한 어여쁜 강들. 낙동강의 발원지인 황지연못은 그 자체로 신비롭다. 재를 넘고 굽이를 돌 때마다 얼굴을 내밀고 다가오는 무수한 강들. 또 그들은 얼마나 많은 어린 지류들을 거느리며 흘러가고 있는가.

그러나 강에 관한 한 나의 현주소는 금호강이다. 아침 저녁으로 강을 건너다니며, 마음만 먹으면 언제든지 차를 세우고 기슭을 타고 내려가 금방 물가에 이를 수 있다. 그냥 바삐 지날라치면, 강은 소매를 잡고 나를 끌어당긴다. 금호강은 계절과 기후에 따라, 잘게 썰어내는 시간대에 따라 몸짓과 표정을 달리하면서 살아 움직인다. 여기저기서 낚싯대를 드리우는 태공들의 절반이 실직자라는 사실을 알아차릴 때, 그들의 애환을 넉넉히 안아주는 강의 너그러움을 만날 때, 아직도 등이 굽은 물고기들의 상처를 어루만지는 물의 자애로움을 느낄 때, 감동은 아름다움을 넘어서서 더 깊고 그윽해진다.

글쓰기는 강의 표정을 그리는 유력한 방법이지만 상당히 불편하고 불완전하다. 아무리 촘촘한 언어의 그물망으로도 꿈틀거리는 감동의 원형질을 건져올리기 어렵다. 이를테면 비오리들이 떠 있는 동강의 어느 한 굽이에서 오래 물을 바라보면서 한참을 울 때, 쓰기의 방식으로 그 눈물의 근원에 가 닿는다는 것은 거의 불가능하다. 감동의 순간을 문장으로 붙잡아두는 것보다 그 느낌을 온몸으로 받아들일 때 내면은 더욱 정화되면서 풍요로워진다. 그럼에도 불구하고 쓰지 않을 수 없다. 비록 살아 숨쉬는 생명의 감흥과 설레임의 순간을 산 채로 포획하지는 못할지라도, 그 일부를 시의 방식으로 스케치하고 에스키스하여 붙잡아 둘 수밖에 없다.

앞날의 일을 알 수는 없지만 이제 옳게 쓰려 한다. 오랜 방황이 헛된 것인지 써 볼 것이며, 나의 사랑이 영원과 어떻게 이어지는지 써 볼 것이다. 겨울 강물 위에 사랑한다고 쓸 때, 몇 마리의 오리들이 다가와서 그렇게 쓰는 것이 아니라며 휘휘 지우고는 저희들 방식으로 쓸 때, 그들의 글씨를 따라 써 볼 것이다. 금호강의 가장 아름다운 지류인 자호천 부근을 지날 때마다 핸드폰을 거는 목이 긴 왜가리의 말을 받아적을 것이다. 명상에 잠긴 채 간간이 깃털을 날리며 고요히 선 재두루미의 긴 묵언을 받아적을 것이다. 오리와 쇠물닭, 왜가리와 재두루미들이 찍어둔 발자국과 거기에 서린 메시지를 옮겨 적어 볼 것이다.

흐르는 강물을 향해 말을 걸어 볼 것이다. 강물과

몸을 뒤섞고 있는 물안개를 향해, 구름을 향해, 노을을 향해, 달을 향해, 별을 향해, 바람을 향해, 나무를 향해, 산을 향해, 각시붕어를 향해, 수달을 향해, 멧돼지를 향해, 꿩을 향해, 갈풀과 여뀌꽃, 어리연꽃을 향해 말을 걸어 볼 것이다. 탑을 향해, 기차를 향해, 배를 향해, 빌딩을 향해, 자동차를 향해, 컴퓨터를 향해, 지하철을 향해, 엘리베이터를 향해 툭, 툭, 말을 걸어 볼 것이다. 그들의 어깨를 흔들어볼 것이다. 그들 속으로 깊이 걸어들어가면서 그들의 대답과 표정과 동작을 기록할 것이다. 내가 사랑하는 것들을 향해 손을 내밀 것이며, 가슴을 열 것이다. 온몸을 들이밀어 그들의 맥을 짚고 체온을 재면서, 그 맥박과 체온으로 내 몸의 오랜 병을 다스릴 것이다.

3

금호강은 경북 포항시 죽장면 석계리 매봉산 기슭 문암지에서 발원하여 대구광역시 달성군 화원읍 구라리에 이르러 낙동강과 합류한다. 강은 장중한 보현산을 분기점으로 하여 남천과 북천을 이루는데, 옛부터 이수(二水)라고 일컬어지는 이 두 물줄기가 금호평야가 시작되는 지점에서 합류하면서 금호강이라는 이름을 얻는다. 118.4km의 본류를 달려오는 동안 금호강은 자양천과 임고천, 하양천과 문암천, 동화천과 신천, 팔거천과 비산천을 비롯한 무수한 지류들을 불러들이며 유역 면적 2,088km^2에 달하는 대구 분지를 적시며 흐르고 있다.

금호강은 흰 백사장과 갈대숲, 미루나무와 모감주나무의 군락들, 온갖 물고기와 무수한 새떼들을 거느리고 유장하게 흘러가는 아름다운 강이었다. 그러나 자호천의 허리를 가로지르는 영천댐을 막은 후부터 조금만 가물어도 바닥을 드러내는 건천으로 변해버렸다. 동촌유원지 부근부터 생활하수가 쏟아지면서 거대한 하수도로 변하였다. 특히 염색공단을 거쳐오는 비산천부터는 공장폐수가 쏟아져 중금속으로 심각하게 오염되었다. 물의 가장자리는 두터운 기름띠로 뒤덮였으며, 물고기들은 물 위로 아가리를 내민 채 가쁜 숨을 몰아쉬다가 죽어갔다. 낚싯대에는 비늘이 상하거나 등이 휜 붕어들이 걸리기 일쑤였으며, 철새의 개체수도 어이없이 줄어들었다. 사람들도 낚싯대를 거두고 강을 떠났다.

가쁜 숨을 몰아쉬면서 신음하는 강을 볼 때마다 가슴이 아팠지만, 나는 자주 강가에 몸을 세우고 강이 실어나르는 이야기에 귀를 기울였다. 금호강에 대한 사랑이 더욱 깊어진 것은 지난 해 봄 영천댐 도수로

가 개통된 이후이다. 이 대역사는 치수(治水)의 한 극치를 보여주고 있다. 1991년부터 2001년까지 무려 십 년이 넘는 세월을 통해, 임하댐에서 영천댐까지 지하 평균 160미터 깊이에서 장장 52km에 이르는 터널을 뚫은 것이다. 하루 평균 40만 7천여 톤의 물이 그 수로를 통하여 임하댐에서 영천댐으로 흘러든다. 그 가운데 20여 톤이 금호강 하천 유지수로 흐르기 시작하면서 금호강은 빠른 속도로 자정 능력을 회복하여 생태계를 복원해 가고 있다.

내 고향은 일월산 줄기가 흘러내리다 우뚝 멈추어 선 한박산 자락 청일봉 기슭에 자리잡은 경북 영양군 청기면 청기리이다. 마을 앞을 휘돌아 흐르는 청계천이 입암면 남이포에 이르러 반변천과 합류하는데, 그 반변천 물줄기가 임하댐의 가장 큰 수원을 이루고 있다. 임하댐 물이 영천댐으로 흘러든다는 것은 어린 시절 나를 키운 청계천의 물이, 청일봉 아래 누워 계시는 어머니의 발치를 적시며 흐르는 그 물이 금호강으로 흘러든다는 뜻이다. 강물에 손을 담그는 순간 내 몸은 고향과 이어진다. 청계천 서늘한 물이 내 손을 어루만진다고 생각하면 벅찬 감동을 느끼지 않을 수 없다. 강물이 어루만지는 것이 어디 손뿐이랴. 강물은 어느덧 내 몸 속으로 흘러들어 가슴을 적시고,

오십여 년의 남루한 추억의 영토를 적시며 마음의 가장 깊은 곳으로 흘러드는 것이다. 내 삶의 뿌리가 이러하고 물을 향해 기우는 마음이 이러한데 어찌 이 강을 사랑하지 않을 수 있으리.

 나에게 가장 예민하게 반응하는 금호강의 성감대는 고모령 너머 팔현마을 부근이다. 고모역을 눈앞에 두고 마을 안쪽으로 꺾어들면 금방 강둑에 이른다. 강둑에 서면 아래로는 동촌유원지가 보이고, 위로는 꿈결처럼 펼쳐진 풍경 너머로 멀리 금강지가 보인다. 금강지는 지금도 수달이 출몰하는 생태계의 보고로서 금호강의 가장 아름다운 지점이지만, 지금은 안식년이 선포된 상태여서 자주 찾기 어렵다. 그러나 팔현마을 부근만 해도 이따금 금강지 부근에 사는 수달이 다녀가는 청정 지역으로 환상적인 풍경을 연출한다. 무성한 갈대숲과 갈퀴나물, 여뀌꽃 더미를 헤치고 기슭을 내려가면, 왕골과 갈풀들을 자욱히 거느린 버들강아지며 물버들이 물 속 여기저기 섬처럼 흩어져 바람에 흔들리고 있다. 그 둘레로 부들이 자라고 부레옥잠이 떠 있으며, 개구리밥과 어리연꽃의 군락이 비단처럼 펼쳐져 있다. 그 물을 따라 한참을 거슬러 올라가노라면, 왜가리와 재두루미가 천천히 걸음을 옮기며 비껴선다. 화들짝 오리가 날아오르기도 하고,

어린 것들을 거느린 몇 무리의 물닭들이 급히 풀섶으로 숨어들기도 한다. 버들치와 붕어들이 종아리를 스쳐 지나가기도 하고, 괜히 이 돌에서 저 돌로 급히 몸을 옮기는 미꾸라지와 퉁가리가 보인다. 미끄러운 청태를 밟으면 더러운 물때가 뿌옇게 솟아오르기도 하지만, 풋풋한 산처녀 같은, 소박한 촌아낙 같은 강의 순정한 표정을 만나는 기쁨은 이루 말할 수 없이 크다.

 나는 몇 년 전부터 이곳에서 새해 첫날의 일출을 맞이하고 있다. 그러나 도시 한가운데를 가로질러 한참을 달려야만 당도할 수 있는 이곳을 자주 찾기는 어렵다. 이따금 생각나면 이리로 차를 몰기도 하지만, 이 원시의 지점에 몸을 밀어넣는 것이 쉽지 않다. 내가 가장 자주 찾는 지점은 팔달교에서 무태교에 이르는, 그 가운데 조야동과 노곡동 사람들이 섬뜰이라고 부르는 수만 평의 하중도(河中島)를 거느린 그 어름이다. 이곳은 금호강 하류에 해당된다. 무태교 부근 동화천과 신천을 맞이하는 지점부터는 강의 폭이 넓고 강기슭 또한 광활하게 펼쳐져 있어서, 섬뜰에서 바라보는 금호강의 풍경은 자못 의젓하고 도도하다. 물안개 서린 새벽은 새벽대로, 노을이 내린 저녁이면 저녁대로 강은 스스로 몸을 움직여 풍경을 완성해 가고 있다.

4

그러나 아무리 자주 강을 찾은들 그건 결국 잠시일 뿐이다. 내 몸은 결국 빌딩과 자동차와 사람으로 가득한 도시의 한가운데 있다. 금호강이 어디서 발원하여 어디를 휘돌아 어디로 흘러가는지조차 몰랐던 20여 년 전, 대구에는 영선못, 배자못, 감삼못을 비롯해서 크고 작은 연못과 저수지들이 흩어져 있었다. 생활하수로 썩어들어가는 수면 위로 흰 배를 드러낸 채 떠오른 손바닥만한 붕어들과, 부유물 사이로 주둥이를 내밀고 가쁜 숨을 몰아쉬던 붕어들의 안쓰러운 모습을 생생히 기억하고 있다. 그들은 그렇게 헐떡이다가 죽어갔고, 이윽고 못은 다 메워져 고층아파트가 들어서고 말았다.

제법 너른 분지라고는 하지만 대구에도 너무 많은 사람들이 모여들어 감삼못의 붕어들처럼 가파른 숨을 몰아쉬며 살아가고 있다. 지하철 사고만 해도 그렇다. 땅 속으로 난 길을 따라 전동차를 타고 우르르 몰려다니다 변을 당한 것이다. 따지고 보면 내가 자주 금호강을 찾는 것도 감삼못 위로 고개를 내밀고 숨을 몰아쉬는 붕어처럼, 이 도시에서 살아남기 위한 몸부

림인지도 모르겠다. 더러는 태백산맥의 등뼈를 십여 시간 가로질러 아우라지나 동강 가에 머무르는 것 또한 마찬가지이리라. 십여 분이면 금호강에 닿을 수 있다는 것 자체가 축복이지만, 결국 나의 삶은 도시 한가운데에 둥지를 틀고 있는 셈이다.

이처럼 어떤 한 순간도 영원으로 치환하기 어려운 거처에서 나의 삶은 이어지고 있다. 자동차의 백밀러를 귀라고 쓰기도 하고, 엘리베이터에 사유의 힘을 불어넣기도 하고, 오리와 왜가리의 손에 핸드폰을 쥐어주기도 하지만, 이것은 시의 방식으로 숨을 몰아쉬고자 하는 가소로운 잔꾀인지도 모른다. 그러나 쓰는 것 이외의 어떤 방법으로 대상을 향한 감동과 몰입의 순간을 영원으로 치환할 수 있다는 말인가. 이것마저 도피의 다른 이름에 불과하다면 나는 이 허무를 어떻게 견딜 수 있을까. 생각이 여기에 미치면 두려워진다. 더 이상 방법이 없을 것이라는 절망감 때문이다. 그러나 철학이 아닌 방식으로, 종교가 아닌 방식으로, 긴 터널의 마지막 부분을 뻥 뚫듯 그 절망의 벽을 허물 수 있는 게 있다면 그것은 예술일 것이라고 생각한다. 상당히 긴 세월을 미술과 영화와 사진과 춤을 비롯한 다른 장르를 기웃거린 이유가 여기에 있다. 모든 예술의 중심을 흐르는 무엇이 있다면 그것이 시정신일 것이라는 생각이 구체화되고 있다. 오십을 넘어선 이 나이에 네 번째 시집을 내면서 비로소 옳게 써 볼 것이라며 전의를 다지는 것은 이런 의미에서 센티멘탈리즘이 아니라 리얼리즘에 가까운 것이다.

5

 금호강의 오리떼가 낙동강과 금강, 한강과 임진강을 지나 더 이상 핸드폰이 터지지 않는 군사분계선을 지나 북상하고 있다. 그 뒤를 이어 섬진강 기슭에서부터 매화와 산수유와 개나리를 앞세우고 봄이 우리 곁으로 진군하고 있다. 목련이 가지마다 등(燈)을 내거는 놀라운 광경을 지켜보면서, 나는 시간이 그어가는 궤적을 따라 깊어가는 봄과 함께 지금 이 순간을 살고 있다. 이보다 더 아름다운 섭리가 있을 수 없겠지만, 화들짝 생각을 가다듬고 삶 쪽으로 눈을 돌리면, 결국 우리는 자연보다 사람과 관련된 어떤 일에서 위로와 감동을 받아야 한다는 사실을 깨닫는다. 세속도시와 그 속에서 나와 함께 세파에 부대끼며 살아가고 있는 사람들. 이것이 앞으로 내가 사랑한다고 말해주면서 써나가야 할 작업의 대상이다. 금호강을 찾는 것 또한 삶의 영역을 확장하는 것이지만, 나는 늘 도시의 경계를 넘어선다고 생각하면서 그 기슭에 당도한다. 그 물가에서 인생의 한 순간이 영원으로 치환되는 놀라운 순간을 지켜보면서, 나는 무수한 영원을 사는 법을 터득해 가고 있다. 이러한 축복이 삶의 현장으로 회귀해서도 가능하다는 확신에 찬 가설을 세우면서, 금호강의 낮은 한 기슭을 허물어 그 물줄기를 도시로 틔워보려 한다. 접사(接寫)! 그 물줄기가 어떻게 마을을 안고 흐를 것이며, 사람들의 가슴을 어떻게 적시며 흘러갈 것인지 시정신의 렌즈를 가까이 들이대고 살펴볼 생각이다.

김 선 굉

1952년 경북 영양에서 태어났으며,
1982년『심상』으로 등단했다.
시집『장 주네를 생각함』,『아픈 섬을 거느리고』
『밖을 내다보는 男子』 등을 펴냈다.

철학하는 엘리베이터

초판 2쇄 인쇄 / 2003년 9월 15일
초판 2쇄 발행 / 2003년 9월 20일

지은이 / 김 선 굉
펴낸이 / 박 진 환

펴낸곳 / 만인사
등록번호 / 1996년 4월 20일 제03-01-306호
주소 / 대구광역시 중구 봉산동 235-11
전화 / (053)422-0550
팩시밀리 / (053)426-9543

ISBN 89-88915-39-9 03810
※저자와의 협의에 의해 인지는 생략합니다.

값 5,500원